George 想 吃 牛肉 包子

George xiǎngchī niúròu bāozi

Simplified Character version

by Terry T. Waltz
Published by Squid For Brains
Albany, NY
Copyright ©2014 by Terry T. Waltz

ISBN-10: **0692272712**
ISBN-13: **978-0692272718**

George 很 生气。

他很生气，因为
他要看电影。

红色
好看！

他 喜欢 在家 看 电影。
他 在家 看 电影 的时候 ，
他 都 喜欢 吃 牛肉 包子。

但是 他 在家 没有 牛肉 包子
了！因为 他 没有 牛肉包子
吃，所以 他 很 生气。

星期一 七点钟，George 要
在家 看 "Rush Hour 五"。

所以 他 六点钟 去 Mall-Wart
买 牛肉 包子。

但是，在 Mall-Wart

没有牛肉包子了！

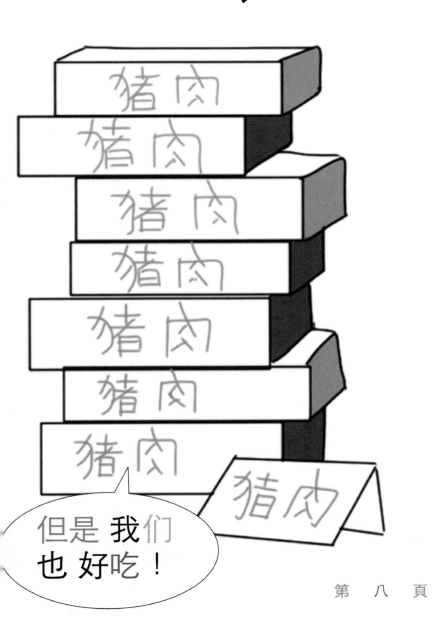

George 很生气！

在 Mall-Wart 有 猪肉 包子 ， 但是 没有 牛肉 包子 了 ！

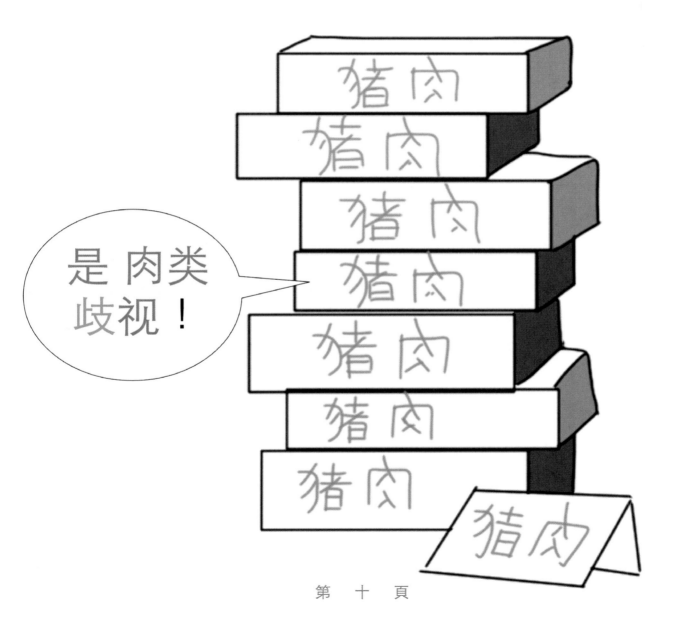

所以 George 买了 一个 猪肉
包子。 他 在家 看 电影
的时候 吃 猪肉 包子。

但是 他 不 高兴 ， 因为 他 买
的 不是 牛肉 包子 ， 所以 他
没有 牛肉 包子 。

还是 吃
Cheesy
Tuna Surprise
好 了 ！

星期二 八点 钟 ，
George 要 看 "The
Princess Bride Diaries"。

George 七点钟 去 Mall-Wart 买 牛肉 包子。但是，在 Mall-Wart 没有 牛肉 包子！

George 很 生气 !

怎么 沒有 ？

在 Mall-Wart 有 鸡肉 包子 和
猪肉 包子，但是 没有 牛肉
包子 了。

所以 George 买了 鸡肉包子。

他在家看电影的时候，吃鸡肉包子。但是他不高兴。他生气，因为他没有牛肉包子。

我想呕吐。

星期三 九点钟 ，
George 要 看
"Harry Potter 八"。

George 八点钟 去 Mall-Wart
买 牛肉 包子。 但是 ， 在
Mall-Wart 没有 牛肉 包子 ！

George 很 生 气 ！

在 Mall-Wart有 猪肉 包子、鸡肉包子 和 香肉包子 ，但是 没有 牛肉 包子 了。

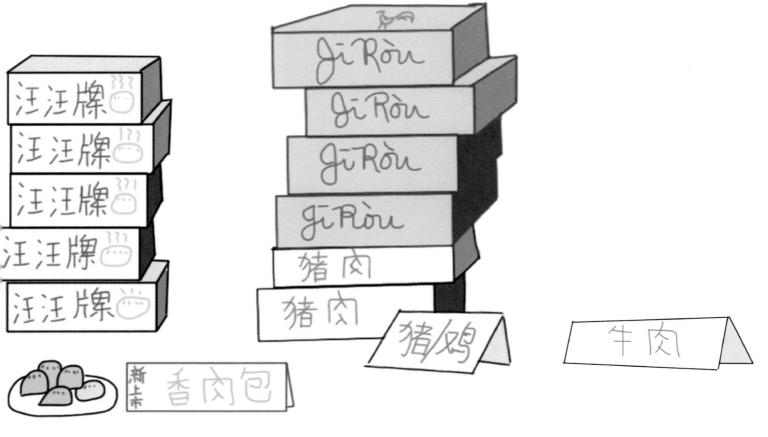

所以 George 买了 两个 香肉 包子。

他 在家 看 电影 的时候 吃了一个 香肉包子 ， 但是 香肉包子 不好 吃。

我 想，香肉 不香！

所以 George 呕吐了。
他不高兴，因为他不
喜欢在家呕吐。

星期四 十点钟 ，
George 要 看
"Ironing Man"。

George 九点钟 去 Mall-Wart 买 牛肉 包子。但是，在 Mall-Wart 没有 牛肉 包子！

George 很 生气！

在 Mall-Wart 有 鸡肉 包子、 猪肉 包子 、 香肉包子 和 披萨。 但是 没有 牛肉 包子。

所以 George 买了 两个 大披萨。

他 在家 看 电影 的时候 吃
了 披萨。但是 他 不 高兴，
因为 他 没有 牛肉 包子。

星期五 十一点钟 ，George 要 看
"TGI 十三 日 星期 五"。

我 是 Freddy 的 弟弟。
我 吃 很多 沙拉。

George 十点钟 去 Mall-Wart 买 牛肉 包子。 但是 ， 在 Mall-Wart 没有 牛肉 包子 ！

George 很 生气！

去 Mal-Wart 买 ，他们 说。
Mal-Wart 很好 ，他们 说。

Mall-Wart 有 猪肉 包子、鸡肉包子 、 披萨 和 沙拉。 但是 没有 牛肉 包子。

沙拉
生菜、番茄、香肉
7.25

所以 George 买了
两个 大 沙拉。

他 在家 看 电影 的时候 吃
他买的 **两**个 大 沙拉。

但是 他 不 高兴 ， 因为 他 买的 是 沙拉。 他 不想 吃 沙拉。 他 想吃 牛肉 包子 ！

星期六 两点钟 ，George 说：「我
不 想 在 家 看 电 影 了 。 我 想 去
GigantiMultiPlex 看 "Detergent"。」

George 三点钟 去 Mall-Wart 买 牛肉 包子。

在 Mall-Wart 有 牛肉 包子 了！
George 买了 十个 很大的 牛肉
包子。

George 去了 GigantiMultiPlex.
在 GigantiMultiPlex 有 一个
人。 他 很 生 George 的 气！

在 GigantiMultiPlex 的人 跟 George 说 : " 不要 在 GigantiMultiPlex 吃 Wal-Mart 的 包子 ！ 你 买 Giganti-MultiPlex 的 包子 吃 ， 好不好 ？ "

George 说，「好！我 买 五 个 牛肉 包子 ，好 吗 ？」

GigantiMultiPlex 的 人 说 ，
「哈哈！没有 牛肉 包子 了。
你 买 猪肉 的 ，好不好？」

George 很 生气！

「我 不喜欢 猪肉 包子 ！ 我 不要 在 GigantiMultiPlex 看 电影 了 ！」所以 George 没有 看 「Detergent」。

George 在家看了「NiTube」的时候，吃他在 Mall-Wart 买的牛肉包子。

Made in the
USA
Middletown, DE